Impressum
Verlag: BABADADA GmbH, Nedderfeld 112 , 22529 Hamburg
Geschäftsführer / Verlagsleitung: Harald Hof
Druck: Books on Demand GmbH, In de Tarpen 42, 22848 Norderstedt

Imprint
Publisher: BABADADA GmbH, Nedderfeld 112 , 22529 Hamburg, Germany
Managing Director / Publishing direction: Harald Hof
Print: Books on Demand GmbH, In de Tarpen 42, 22848 Norderstedt, Germany

школа

School

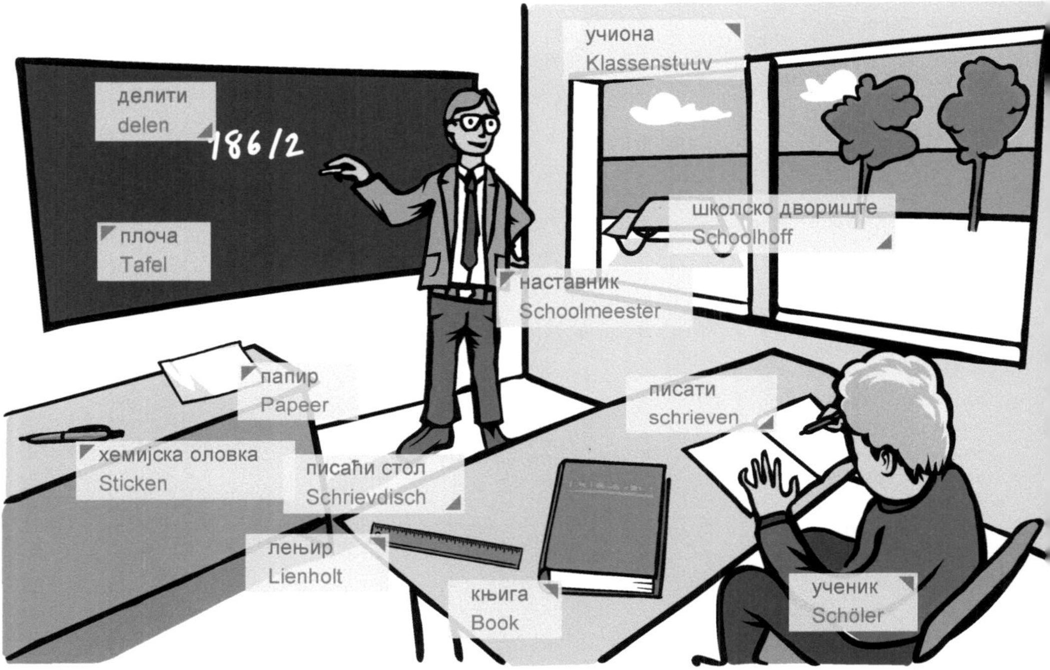
учиона
Klassenstuuv
делити
delen
186/2
плоча
Tafel
школско двориште
Schoolhoff
наставник
Schoolmeester
папир
Papeer
писати
schrieven
хемијска оловка
Sticken
писаћи стол
Schrievdisch
лењир
Lienholt
књига
Book
ученик
Schöler

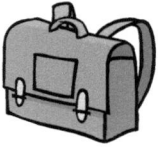

торба

Ranzel

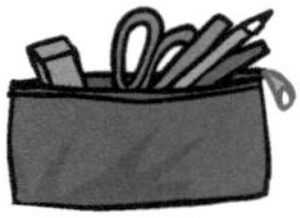

перница

Feddermapp

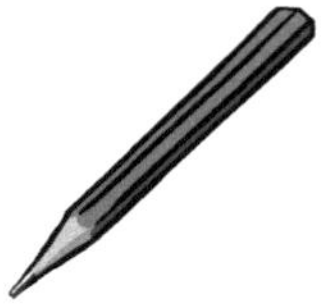

графитна оловка

Bleesticken

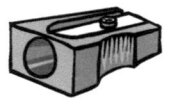

шиљило за оловке

Scharpmaker

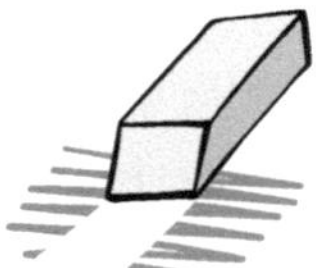

гумица за брисање

Radeergummi

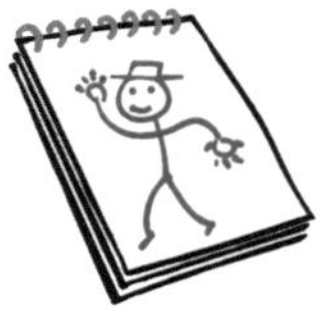

блок за цртање

Tekenblock

цртеж
Teken

кист
Pinsel

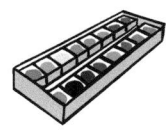

кутија са бојама
Malkassen

маказе
Scheer

лепило
Klever

бележница
Heft to'n Öven

домаћи задатак
Huusopgaav

број
Tall

сабирати
tohooptellen

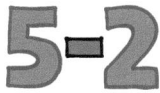

одузимати
aftrecken

множити
malnehmen

рачунати
reken

слово
Bookstaav

абецеда
ABC

реч
Woort

текст

Text

читати

lesen

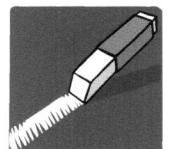

креда

Kried

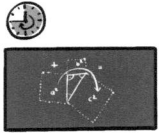

час

Stunn

дневник

Klassenbook

испит

Pröven

сведочанство

Tüügnis

школска униформа

Schooluniform

образование

Utbillen

лексикон

Nakieksel

универзитет

Universität

микроскоп

Mikroskop

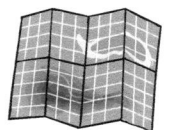

карта

Koort

кошара за папир

Papeerkorf

путовање
Törn

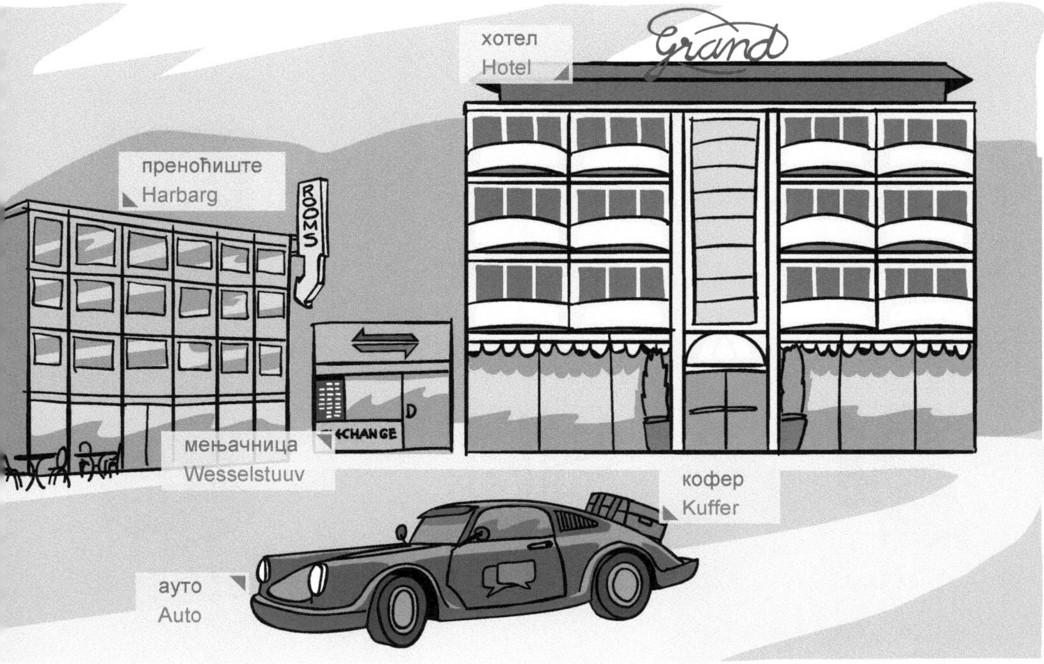
Grand
хотел
Hotel
преноћиште
Harbarg
ROOMS
мењачница
Wesselstuuv
кофер
Kuffer
ауто
Auto

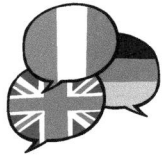

језик

Spraak

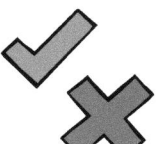

да / не

jo / ne

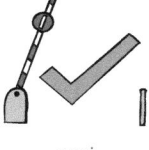

океј

Jo

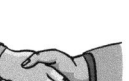

здраво

Moin

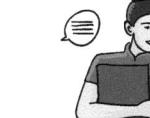

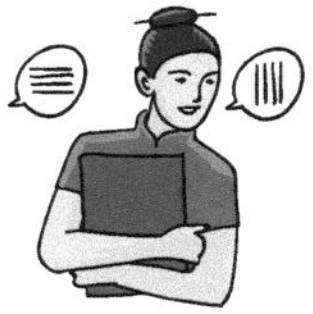

преводилац

Översetter

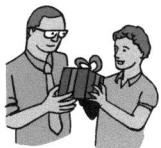

хвала

Dank ok

Колико кошта...?

Wat kost...?

не разумем

Ik verstah nich

проблем

Problem

добро вече!

Goden Avend

Добро јутро!

Moin!

Лаку ноћ!

Gode Nacht!

довиђења

Tschüüs

смер

Richt

пртљага

Bagaasch

торба

Tasch

руксак

Rüchsack

гост

Gast

соба

Stuuv

врећа за спавање

Slaapsack

шатор

Telt

туристичке информације

Touristeninformatschoon

плажа

Strand

кредитна картица

Kreditkoort

доручак

Fröhstück

ручак

Meddageten

вечера

Avendeten

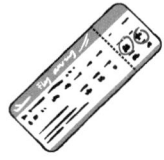

карта за вожњу

Fohrkort

лифт

Fohrstohl

поштанска маркица

Breefmark

граница

Grenz

царина

Toll

амбасада

Bottschop

виза

Visum

пасош

Pass

транспорт

Transport

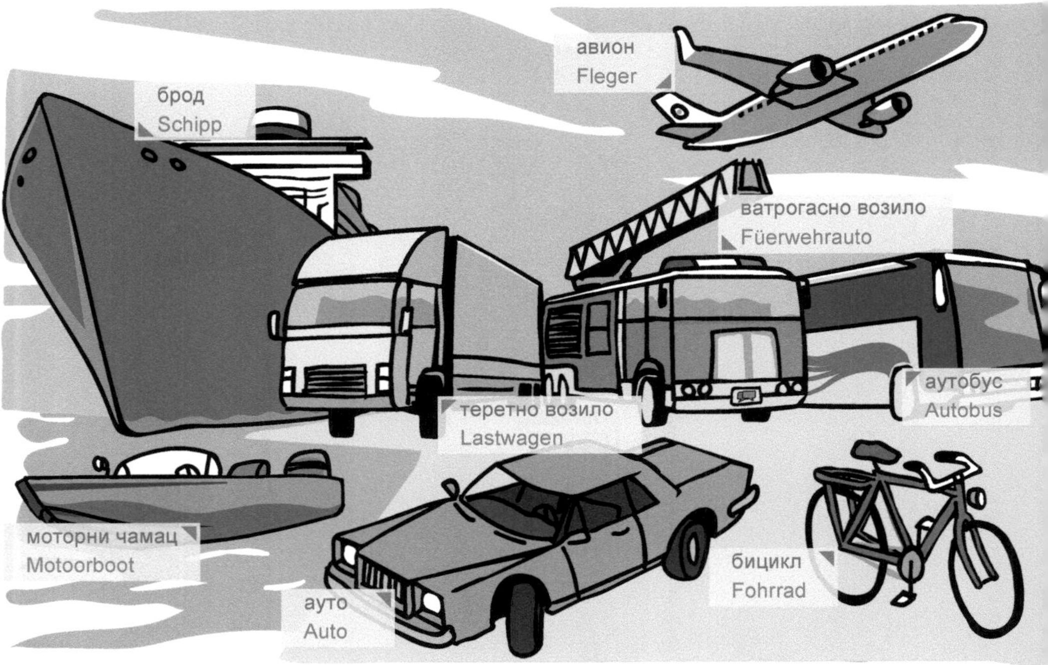
авион
Fleger
брод
Schipp
ватрогасно возило
Füerwehrauto
аутобус
Autobus
теретно возило
Lastwagen
моторни чамац
Motoorboot
бицикл
Fohrrad
ауто
Auto

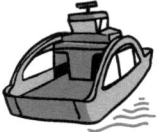

трајект

Fähr

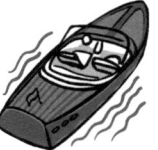

чамац

Boot

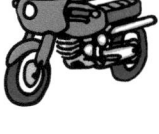

мотоцикл

Motoorrad

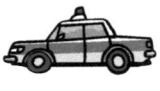

полицијски ауто

Polizeiauto

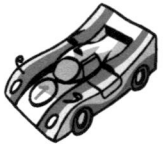

тркаћи ауто

Rönnauto

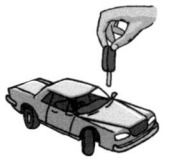

изнајмљено ауто

Lehnwagen

деделење аутомобила

Carsharing

вучно возило

Afsleepwagen

возило за одвоз смећа

Müllauto

мотор

Motoor

бензин

Kraftstoff

бензинска станица

Tanksteed

саобраћајни знак

Verkehrsschild

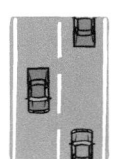

саобраћај

Verkehr

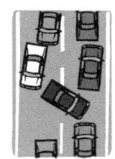

застој

Stau

паркиралиште

Afstellplatz

железничка станица

Bahnhoff

шине

Sporen

воз

Tog

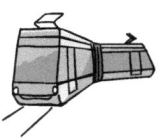

трамвај

Stratenbahn

вагон

Wagon

хеликоптер

Dwarsmöhl

аеродром

Flooghaven

кула

Tower

путник

Fohrgast

контејнер

Grootkist

картон

Karton

колица

Koor

корпа

Korf

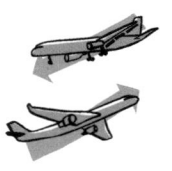

узлетети / слетети

starten / lannen

град

Stadt

село

Dörp

центар града

Binnenstadt

кућа

Huus

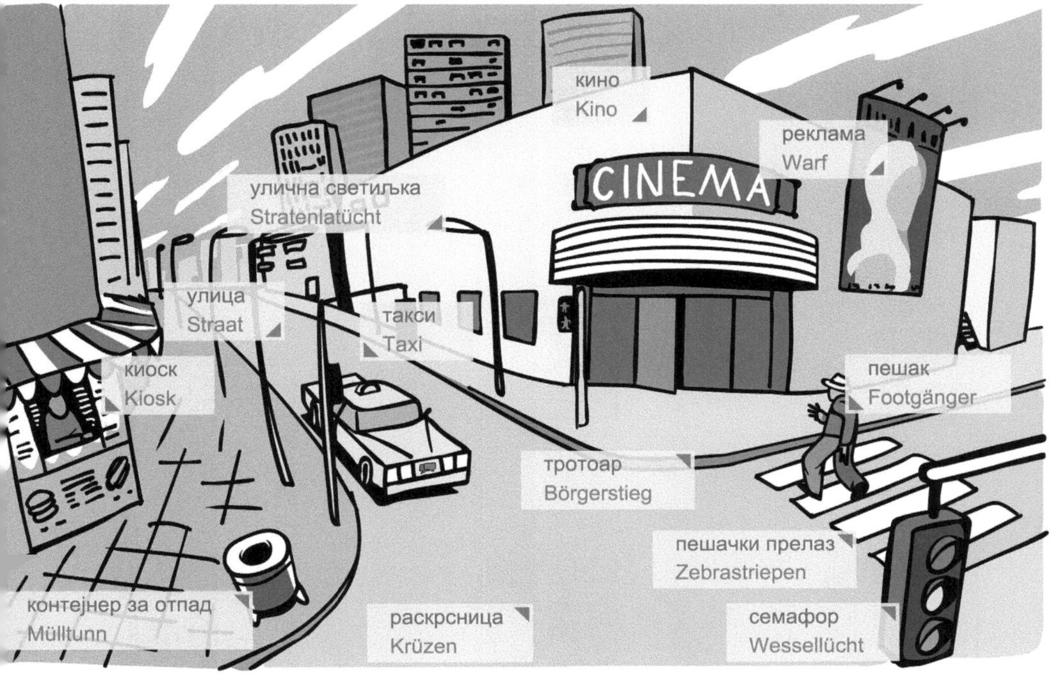

кино
Kino

реклама
Warf

улична светилька
Stratenlatücht

CINEMA

улица
Straat

такси
Taxi

пешак
Footgänger

киоск
Kiosk

тротоар
Börgerstieg

пешачки прелаз
Zebrastriepen

контејнер за отпад
Mülltunn

раскрсница
Krüzen

семафор
Wessellücht

колиба

Hütt

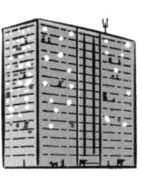

стан

Wahnung

железничка станица

Bahnhoff

већница

Raathuus

музеј

Museum

школа

School

универзитет

Universität

банка

Bank

болница

Krankenhuus

хотел

Hotel

апотека

Afteek

канцеларија

Büro

књижара

Bookhökerie

продавница

Hökerie

цвећара

Blomenhökerie

супермаркет

Supermarkt

трг

Markt

робна кућа

Koophuus

рибарница

Fischhökerie

трговачки центар

Inkoopszentrum

лука

Haven

парк
Parkanlaag

клупа
Bank

мост
Brüch

степеница
Trepp

подземна железница
Ünnergrundbahn

тунел
Tunnel

аутобуска станица
Busstoppsteed

бар
Bar

ресторан
Spieslokal

поштанско сандуче
Breefkassen

улични знак
Stratenschild

паркирни аутомат
Parkklock

зоолошки врт
Deertenpark

базен
Baadanstalt

џамија
Moschee

сеоско газдинство

Buernhoff

загађење околине

Ümweltversmudden

гробље

Karkhoff

црква

Kark

игралиште

Speelplatz

храм

Tempel

пејсаж
Landschop

лист
Blatt

путоказ
Wiespahl

пут
Weg

ливада
Wisch

камен
Steen

дрво
Boom

шетач
Wannerer

река
Fluss

трава
Gras

цвет
Bloom

долина

Daal

планина

Barg

језеро

See

шума

Holt

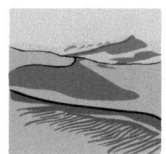

пустиња

Wööst

вулкан

Füerspien Barg

дворац

Slott

дуга

Regenbagen

гљива

Poggenstohl

палма

Palm

москито

Steekmück

мува

Fleeg

мрав

Miegeemk

пчела

Imm

паук

Spinn

буба

Sebber

жаба

Pogg

веверица

Katteker

јеж

Swienegel

зец

Haas

сова

Uul

птица

Vagel

лабуд

Swaan

дивља свиња

Wildswien

јелен

Hirsch

лос

Elk

насип

Staudamm

ветрењача

Windrad

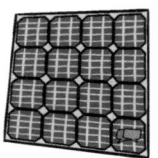

соларна плоча

Solarmodul

клима

Klima

ресторан
Spieslokal

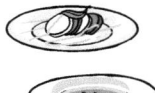

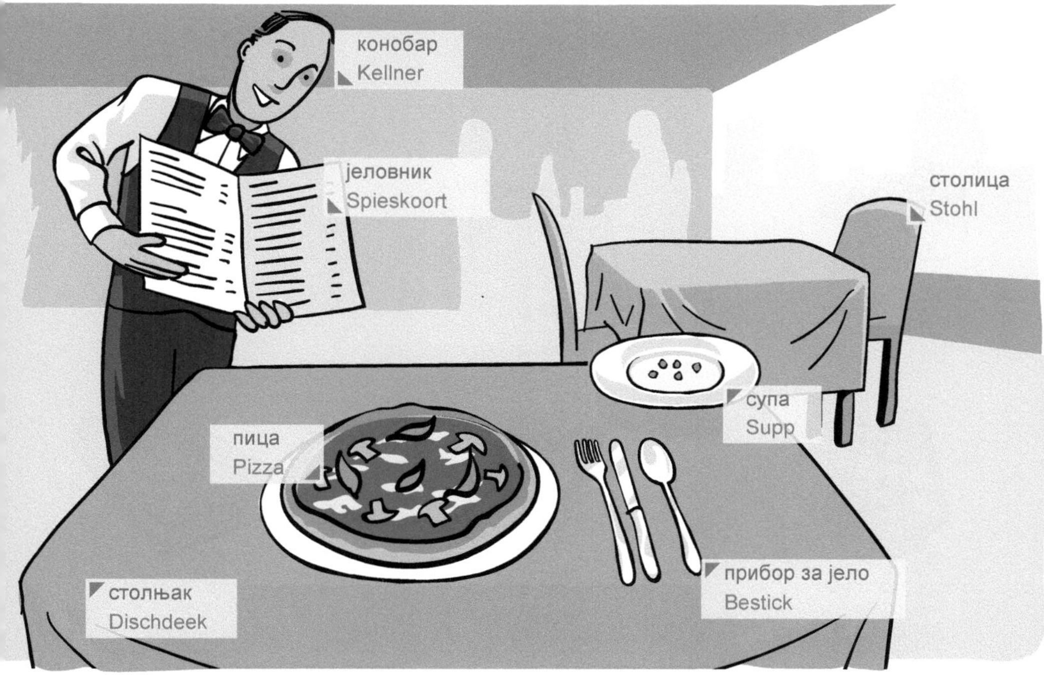

конобар
Kellner
јеловник
Spieskoort
столица
Stohl
супа
Supp
пица
Pizza
прибор за јело
Bestick
столњак
Dischdeek

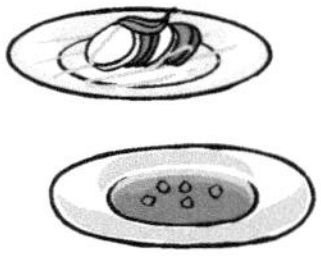

предјело
Vörspies

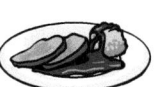

главно јело
Haupteten

десерт
Nadisch

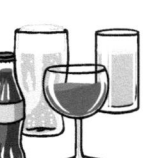

напитци
Drünk

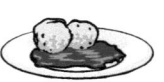

јело
Eten

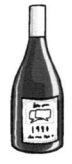

флаша
Buddel

брза храна

Fastfood

имбис храна

Strateneten

чајник

Teekann

доза за шећер

Zuckerdoos

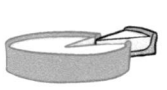

порција

Portschoon

апарат за еспресо

Espressomaschien

висока столица

Hoochstohl

рачун

Reken

послужавник

Tablett

нож

Mess

виљушка

Gavel

кашика

Lepel

чајна кашика

Teelepel

салвета

Munddook

чаша

Glas

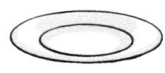

тањир

Töller

тањир за супу

Suppentöller

тањирић

Ünnertass

сос

Sooß

сољенка

Soltstreuer

млин за бибер

Pepermöhl

сирће

Etig

уље

Ööl

зачини

Krüder

кечап

Ketchup

сенф

Mostrich

мајонеза

Mayonnaise

супермаркет
Supermarkt

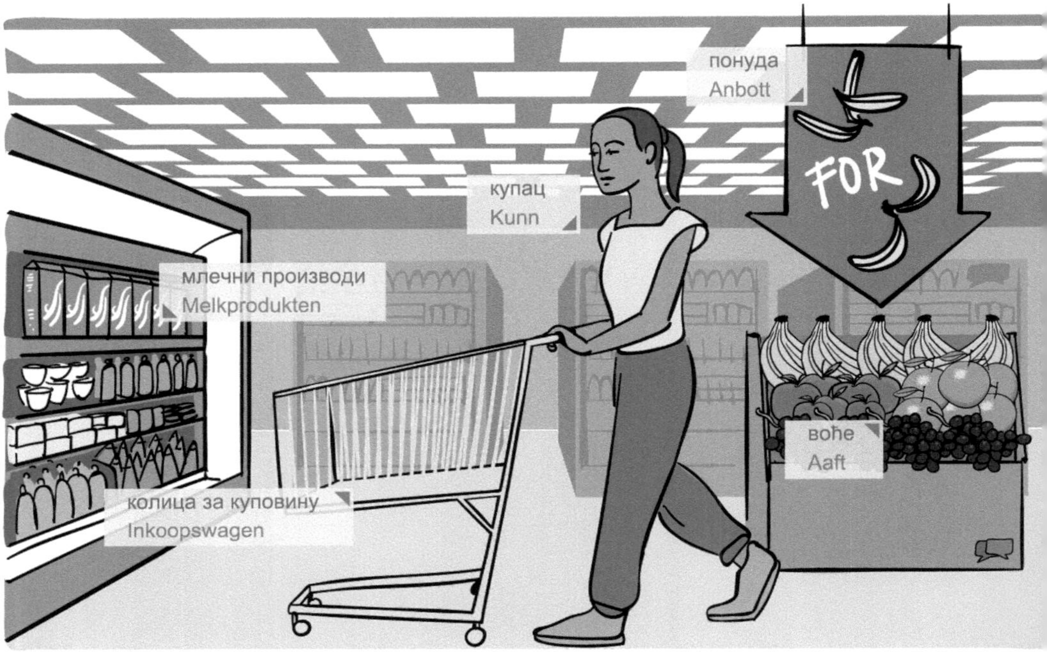
понуда
Anbott
FOR
купац
Kunn
млечни производи
Melkprodukten
воће
Aaft
колица за куповину
Inkoopswagen

BUTCHERS

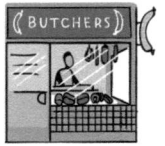

месница

Slachterie

BAKERY

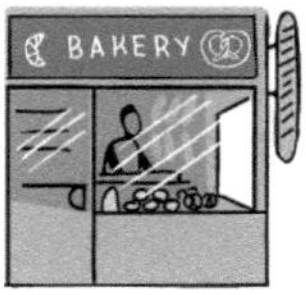

пекара

Bäckerie

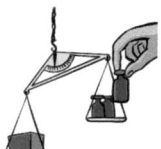

вагати

wegen

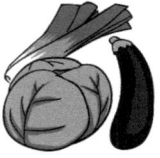

поврће

Gröönsaken

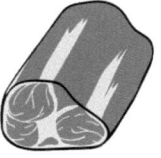

месо

Fleesch

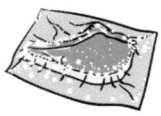

смрзнута храна

Deepköhlkost

нарезак

Opsnitt

конзерве

Konserven

средство за прање

Waschmiddel

слаткиши

Snoopkraam

артикли за домаћинство

Huushooltssaken

средства за чишћење

Reinmaaktüüch

продавачица

Verköpersche

благајна

Kass

благајник

Kasserer

листа за куповину

Inkoopslist

време рада

Opsparrtieden

новчаник

Breeftasch

кредитна картица

Kreditkoort

торба

Tasch

пластична кеса

Plastiktüüt

вода

Water

сок

Saft

млеко

Melk

кола

Cola

вино

Wien

пиво

Beer

алкохол

Spriet

какао

Kakao

чај

Tee

кава

Koffie

еспресо

Espresso

капућино

Cappucino

банана

Banaan

јабука

Appel

наранџа

Appelsien

лубеница

Meloon

лимун

Zitroon

шаргарепа

Wöttel

бели лук

Knuuvlook

бамбус

Bambus

лук

Zibbel

гљива

Poggenstohl

орашасти плодови

Nööt

резанци

Nudeln

шпагете

Spaghetti

рижа

Ries

салата

Salat

помфрит

Pommes frites

печени крумпир

Braadkantüffeln

пица

Pizza

хамбургер

Hamborger

сендвич

Sandwich

шницла

Snitzel

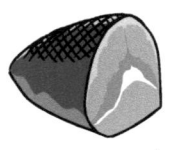

шунка

Schinken

салама

Salami

кобасица

Wust

кокош

Hohn

печење

Braden

риба

Fisch

зобене пахуљице

Haverflocken

мусли

Müsli

кукурузне пахуљице

Cornflakes

брашно

Mehl

кроасан

Croissant

пециво

Rundstück

хлеб

Broot

тоаст

Toast

кекси

Keksen

маслац

Botter

свежи сир

Quark

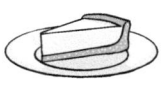

колач

Koken

јаје

Ei

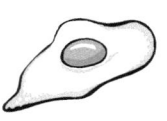

јаје на око

Spegelei

сир

Kees

сладолед

Ies

шећер

Zucker

мед

Honnig

мармелада

Marmelaad

нугат крема

Nougat-Creme

кари

Curry

сеоско газдинство

Buernhoff

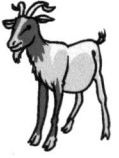

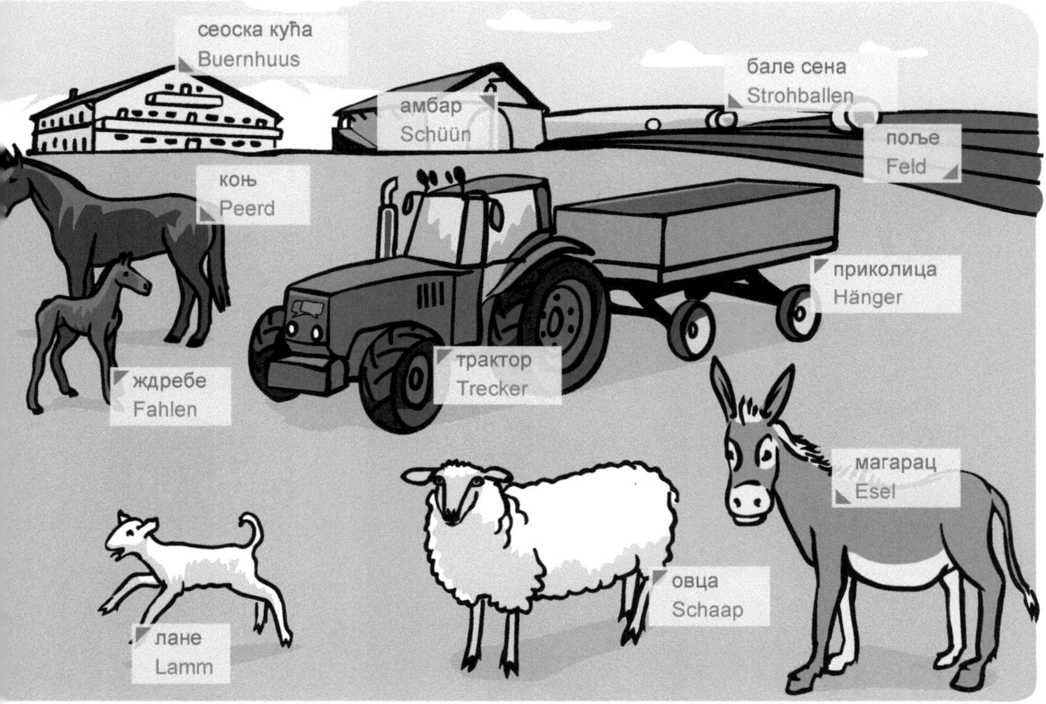

сеоска кућа
Buernhuus
амбар
Schüün
бале сена
Strohballen
поље
Feld
коњ
Peerd
приколица
Hänger
ждребе
Fahlen
трактор
Trecker
магарац
Esel
овца
Schaap
лане
Lamm

коза

Zeeg

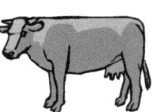

крава

Koh

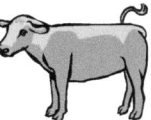

теле

Kalf

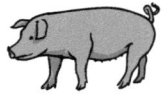

свиња

Swien

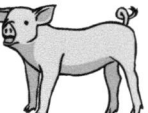

прасе

Farken

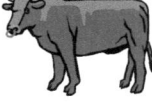

бик

Bull

гуска

Goos

патка

Aant

пилићи

Küken

кокош

Hohn

петао

Hahn

пацов

Rott

мачка

Katt

миш

Muus

вол

Oss

пас

Hund

кућица за пса

Hunnenhütt

вртно црево

Goornslauch

канта за поливање

Geetkann

коса

Lee

плуг

Ploog

срп

Sich

мотика

Hack

виљушка за ђубриво

Mestfork

секира

Ext

тачке

Schuufkoor

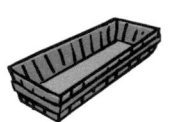

корито

Trog

посуда за млеко

Melkkann

врећа

Sack

ограда

Tuun

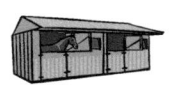

штала

Stall

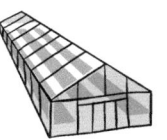

стакленик

Drievhuus

земља

Bodden

семе

Saat

ђубриво

Dünger

комбајн

Meihdöscher

жети

oornen

жетва

Oorn

јамс зачин

Yamswöttel

пшеница

Weten

соја

Soja

крумпир

Kantüffel

кукуруз

Törksche Weten

уљана репица

Rapp

воћка

Aaftboom

гомољ маниоке

Troopsch Kantüffel

житарице

Koorn

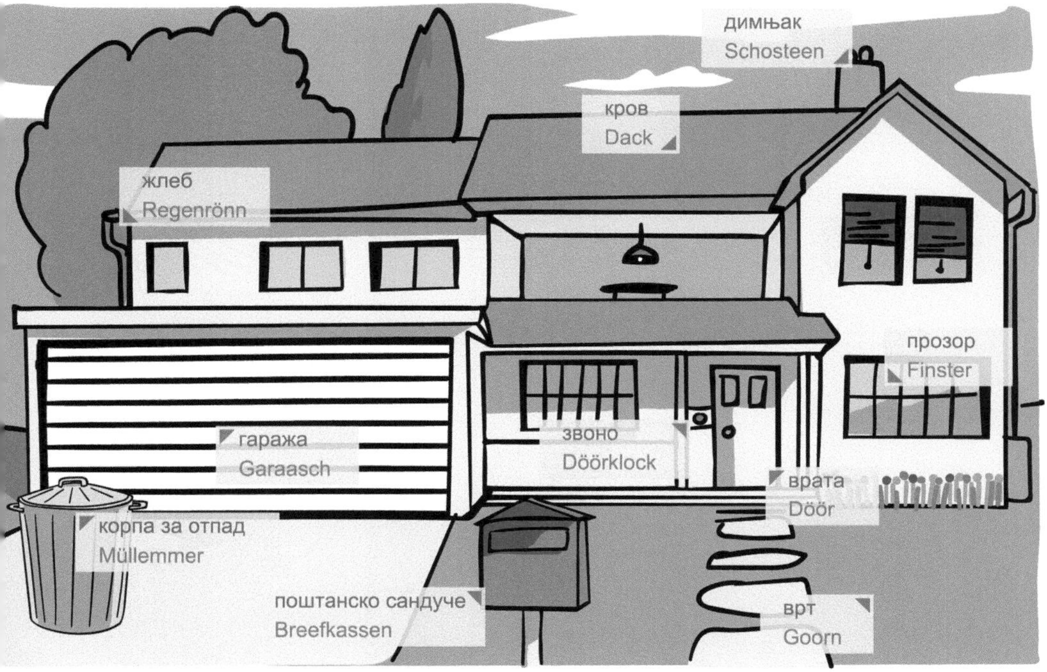

димњак
Schosteen

кров
Dack

жлеб
Regenrönn

прозор
Finster

гаража
Garaasch

звоно
Döörklock

врата
Döör

корпа за отпад
Müllemmer

поштанско сандуче
Breefkassen

врт
Goorn

дневна соба

Wahnstuuv

купаоница

Baadstuuv

кухиња

Köök

спаваћа соба

Slaapstuuv

дечија соба

Kinnerstuuv

трпезарија

Eetstuuv

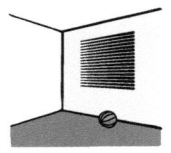

под
Footbodden

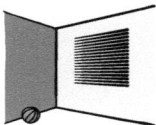

зид
Wand

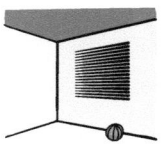

строп
Deek

подрум
Keller

сауна
Hittluftbad

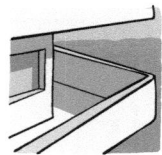

балкон
Balkon

тераса
Terrass

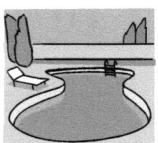

базен
Swümmbad

косилица за траву
Rasenmeiher

постељина за кревет
Bettbetog

дека за кревет
Bettdeek

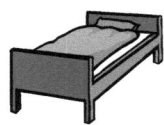

кревет
Puuch

метла
Bessen

канта
Emmer

прекидач
Schalter

дневна соба
Wahnstuuv

тапета
Tapeet
слика
Bild
светиљка
Lamp
регал
Regal
ормар
Schapp
телевизија
Kiekkassen
камин
Kamin
цвет
Bloom
јастук
Küssen
кауч
Sofa
ваза
Vaas
даљински управљач
Feernbedenen

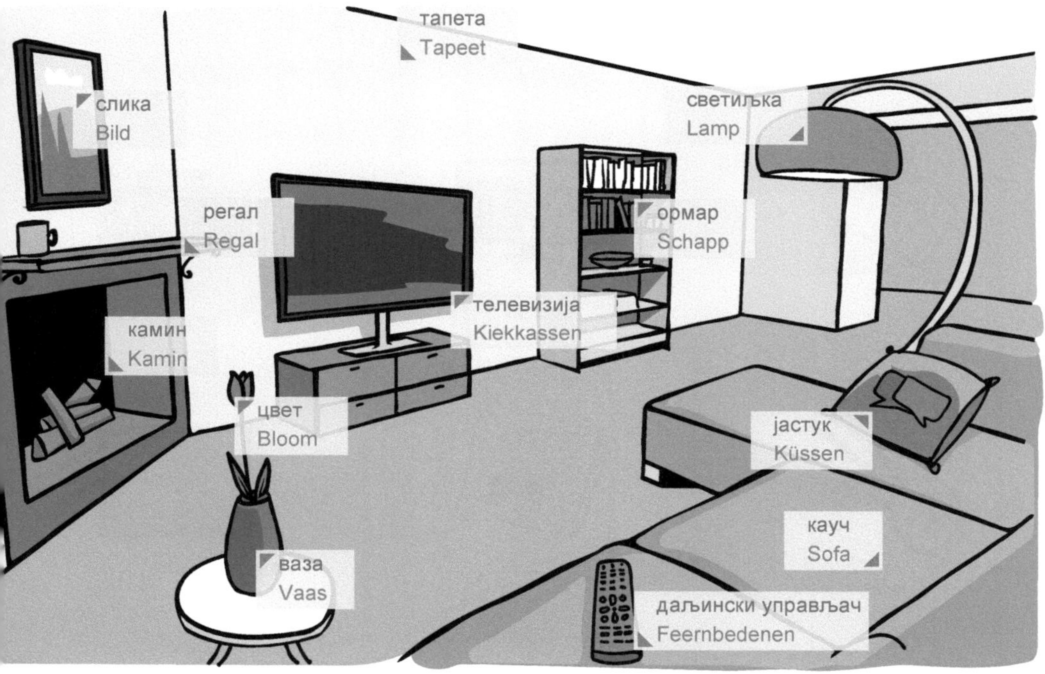

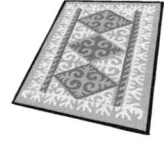

тепих

Teppich

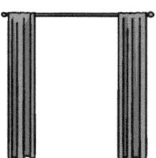

завеса

Vörhang

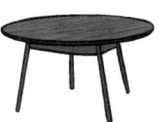

сто

Disch

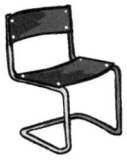

столица

Stohl

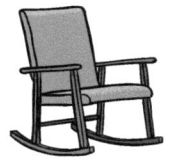

столица за њихање

Schuckelstohl

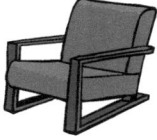

фотеља

Sessel

књига

Book

дека

Deek

декорација

Dekoratschoon

дрво за огрев

Füerholt

филм

Film

хи-фи уређај

Stereoanlaag

кључ

Slötel

новине

Narichtenblatt

слика на платну

Gemälde

постер

Poster

радио

Radio

блок за писање

Opschrievblock

усисивач

Huulbessen

кактус

Kaktus

свећа

Kars

кухиња
Köök

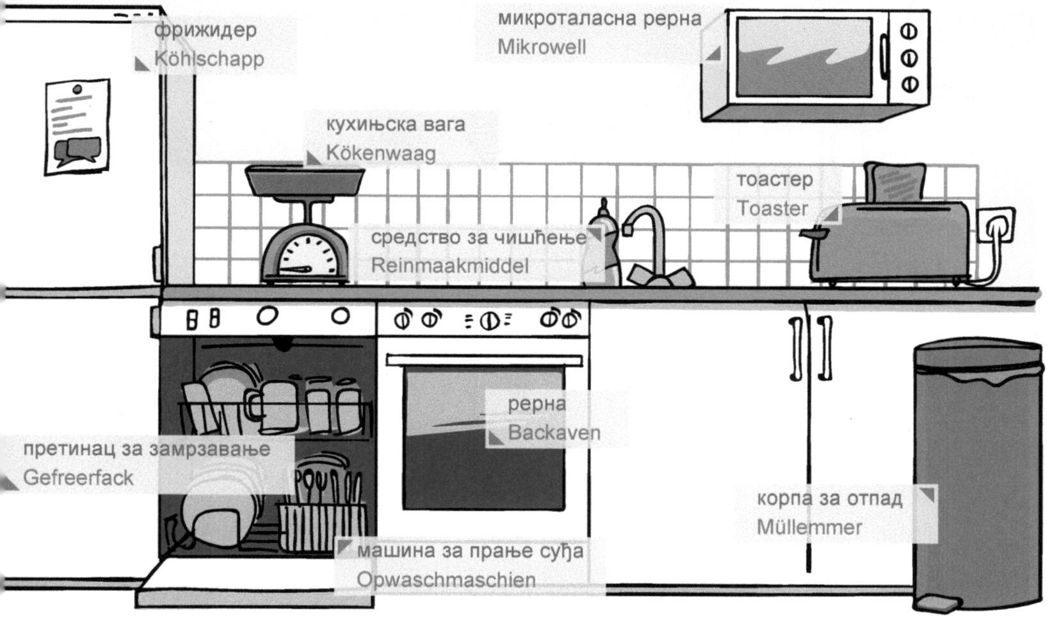
фрижидер
Köhlschapp
микроталасна рерна
Mikrowell
кухињска вага
Kökenwaag
тоастер
Toaster
средство за чишћење
Reinmaakmiddel
рерна
Backaven
претинац за замрзавање
Gefreerfack
корпа за отпад
Müllemmer
машина за прање суђа
Opwaschmaschien

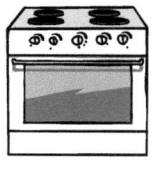

шпорет

Heerd

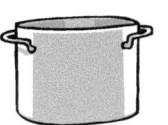

лонац

Pott

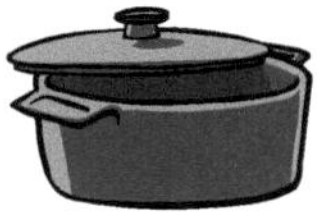

гвоздени лонац

Gussiesern Putt

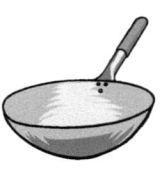

вок / кадаи

Wok / Kadai

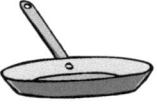

тава

Pann

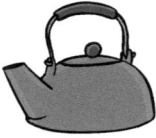

кувало за воду

Waterkaker

кувало на пару

Dampkaakputt

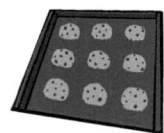

лим за печење

Backblick

посуђе

Geschirr

чаша

Beker

посуда

Schaal

штапићи за јело

Eetsticken

кутлача

Suppenkell

лопатица

Pannenwenner

пењача

Sneebessen

сито за кување

Kaakseef

сито

Seef

рибеж

Riev

мужар

Mörser

роштиљ

Grill

огњиште

Füerstell

даска

Sniedbrett

оклагија

Nudelholt

вадичеп

Proppentrecker

конзерва

Doos

отварач конзерви

Dosenaapner

крпа за лонац

Pottlappen

судопер

Waschbecken

четка

Böst

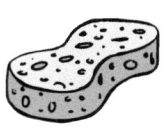

сунђер

Swamm

миксер

Mixer

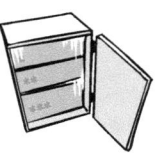

замрзивач

Iesschapp

флашица за бебе

Nuckelbuddel

славина за воду

Waterhahn

купаоница
Baadstuuv

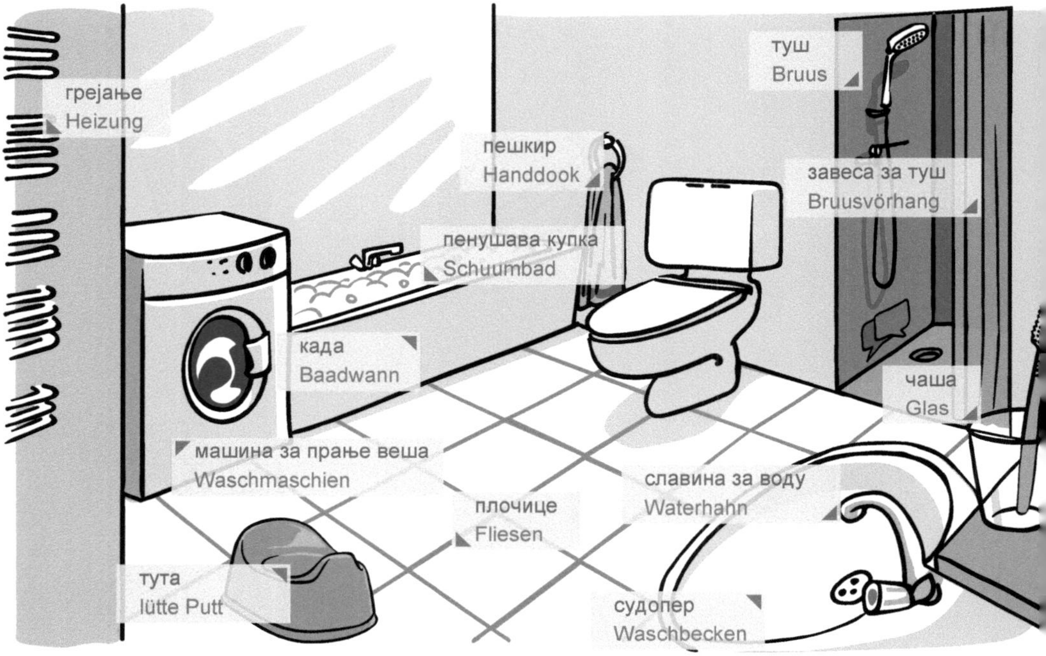

туш
Bruus
грејање
Heizung
пешкир
Handdook
завеса за туш
Bruusvörhang
пенушава купка
Schuumbad
када
Baadwann
чаша
Glas
машина за прање веша
Waschmaschien
славина за воду
Waterhahn
плочице
Fliesen
тута
lütte Putt
судопер
Waschbecken

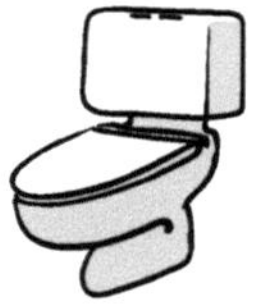

тоалет
Tante Meier

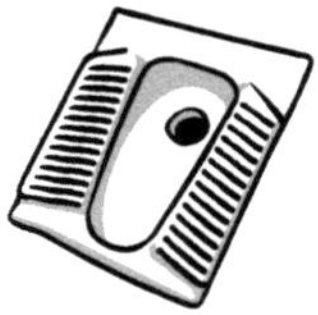

чучавац
Hockklo

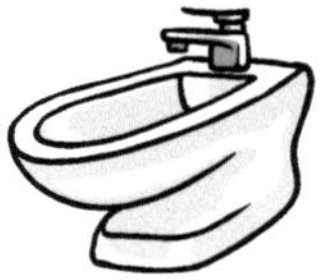

бидет
Bidet

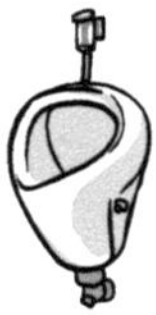

писоар
Miegbecken

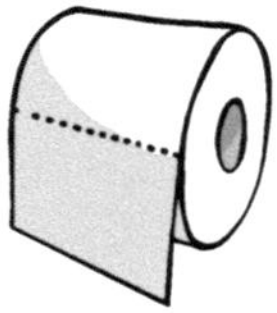

тоалетни папир
Klopapeer

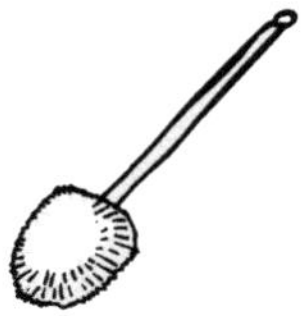

четка за тоалет
Kloböst

четкица за зубе

Tähnböst

паста за зубе

Tähnpast

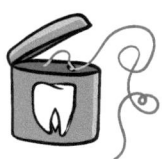

конац за зубе

Tähnsied

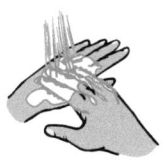

прати

waschen

туш ручица

Handbruus

туш за прање интимних делова

Intimbruus

лавор

Waschschöttel

четка за прање леђа

Rüchböst

сапун

Seep

гел за туширање

Bruusgeel

шампон

Hoorwaschmiddel

крпа за прање

Waschlappen

одвод

Afloop

крема

Creme

дезодоранс

Deodorant

огледало

Spegel

козметичко огледало

Kosmetikspegel

бријач

Raserer

пена за бријање

Raseerschuum

лосион за после бријања

Raseerwater

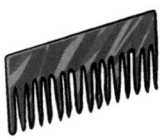

чешаљ

Kamm

четка

Böst

фен за косу

Hoordröger

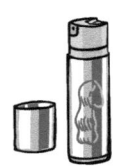

спреј за косу

Hoorspray

шминка

Smink

руж за усне

Lippensticken

лак за нокте

Nagellack

вата

Watt

маказе за нокте

Nagelscheer

парфем

Rüükwater

козметичка торбица

Kulturbüdel

столица

Schemel

вага

Waag

огртач

Baadmantel

рукавице за чишћење

Gummihanschen

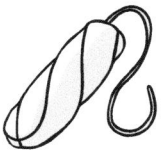

тампон

Tampon

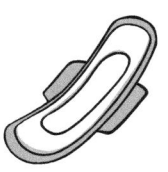

уложак

Damenbinn

хемијски тоалет

Chemieklo

дечија соба
Kinnerstuuv

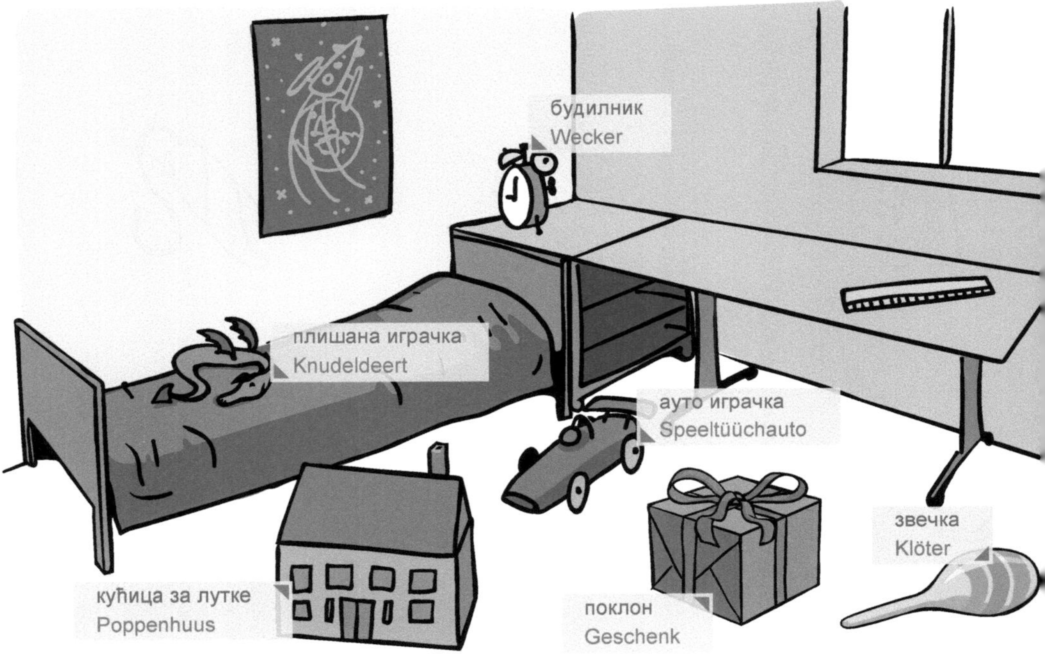
будилник
Wecker
плишана играчка
Knudeldeert
ауто играчка
Speeltüüchauto
звечка
Klöter
кућица за лутке
Poppenhuus
поклон
Geschenk

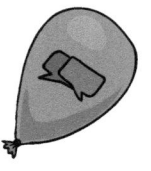

балон

Luftballon

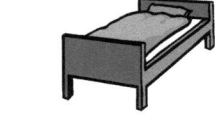

кревет

Puuch

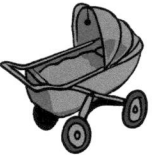

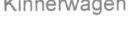

дјечија колица

Kinnerwagen

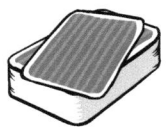

игра са картама

Koortenspeel

слагалица

Puzzle

SUPER MEGA

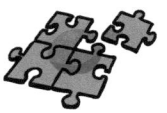

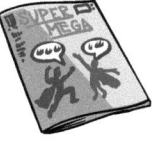

стрип

Billergeschicht

лего коцкице

Legostenen

коцкице за слагање

Bustenen

акциони јунак

Action-Figur

бенкица за бебе

Strampelantog

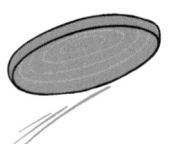

фризби

Frisbeeschiev

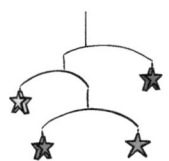

висеће играчке

Mobile

друштвене игре

Brettspeel

коцка

Wörpel

минијатурна жељезница

Modelliesenbahn

дуда

Snuller

забава

Party

сликовница

Billerbook

лопта

Ball

лутка

Popp

играти

spelen

пешчаник
Sandkassen

љуљачка
Schuckel

играчка
Speeltüüch

конзола за игре
Speelkonsool

трицикл
Dreerad

теди
Teddyboor

ормар
Klederschapp

одећа
Tüüch

кратке чарапе
Socken

чарапе
Strümp

хулахопке
Strumpbüx

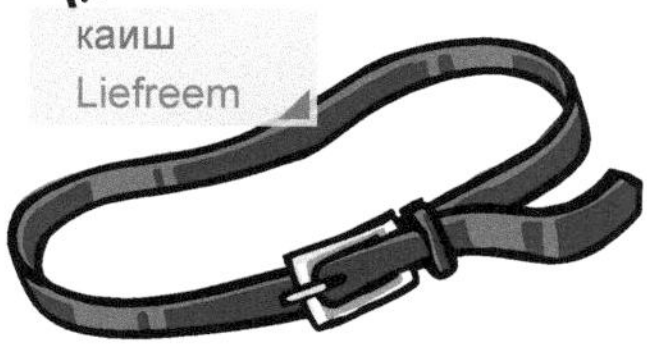

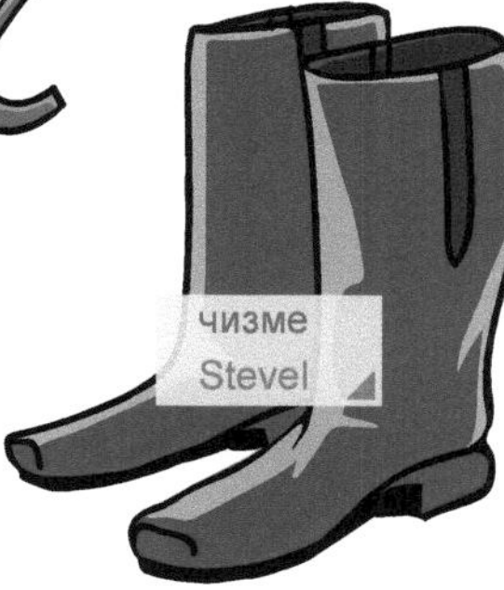

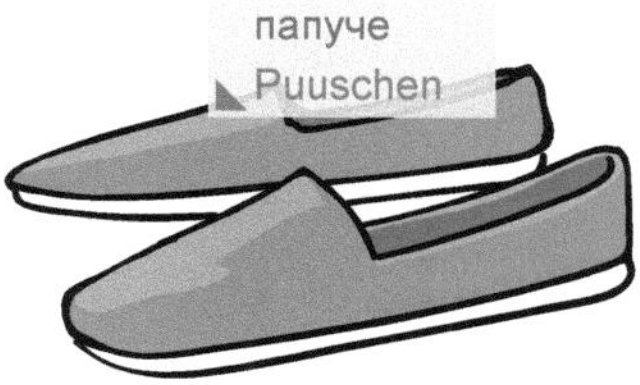

шал
Halsdook

кишобран
Paraplü

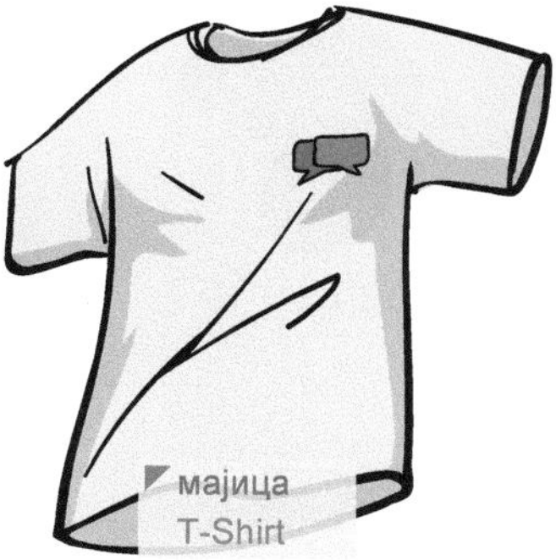

каиш
Liefreem

мајица
T-Shirt

чизме
Stevel

папуче
Puuschen

патике
Turnschoh

сандале

Sandalen

ципеле

Schoh

гумене чизме

Gummistevel

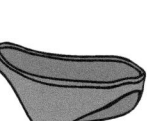

гаћице

Ünnerbüx

грудњак

Bostholler

поткошуља

Ünnerhemd

боди

Lief

панталоне

Büx

фармерке

Jeansnüx

сукња

Rock

блуза

Bluus

кошуља

Hemd

џемпер

Pullover

џемпер с капуљачом

Kapuzenpullover

сако

Blazer

јакна

Jack

мантил

Mantel

кабаница

Övertrecker

костим

Kostüm

хаљина

Kleed

венчаница

Hochtietskleed

одело

Antog

спаваћица

Nachtkleed

пиџама

Slaapantog

сари

Sari

марама за главу

Koppdook

турбан

Turban

бурка

Burka

кафтан

Kaftan

абаја

Abaya

купаћи костим

Baadantog

купаће гаћице

Baadbüx

кратке панталоне

Korte Büx

одећа за тренинг

Antog to'n Öven

кецеља

Schört

рукавице

Handschoh

дугме

Knopp

наочаре

Brill

наруквица

Armband

огрлица

Halskeed

прстен

Ring

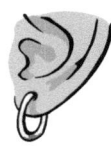

наушница

Ohrbummel

капа

Mütz

вешалица

Klederbögel

шешир

Hoot

кравата

Binner

патент затварач

Rietslüter

кацига

Helm

нараменице

Drachtband

школска униформа

Schooluniform

униформа

Uniform

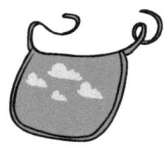

подбрадак

Severböten

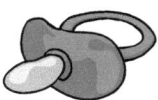

дуда

Snuller

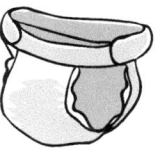

пелена

Winnel

канцеларија

Büro

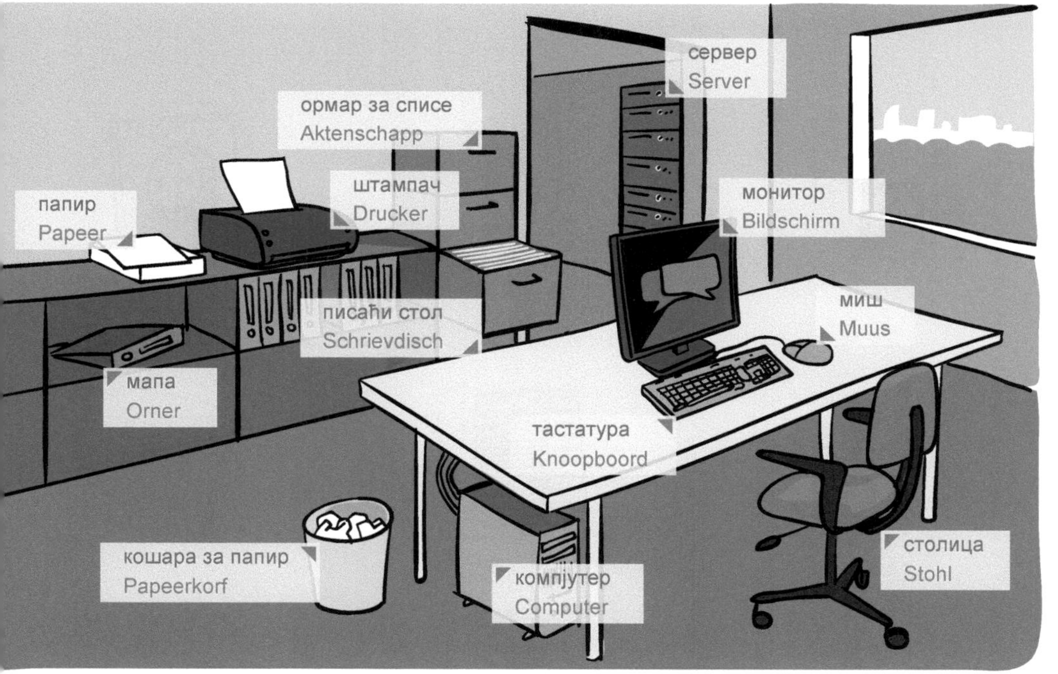
сервер
Server
ормар за списе
Aktenschapp
штампач
Drucker
папир
Papeer
монитор
Bildschirm
писаћи стол
Schrievdisch
миш
Muus
мапа
Orner
тастатура
Knoopboord
кошара за папир
Papeerkorf
компјутер
Computer
столица
Stohl

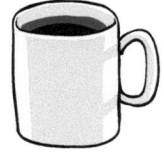

шалица за каву

Koffiebeker

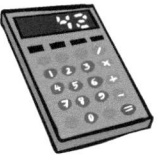

калкулатор

Taschenreekner

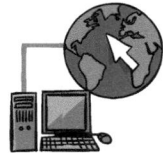

интернет

Internet

лаптоп

Klappreekner

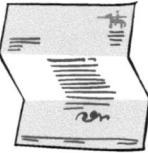

писмо

Breef

порука

Naricht

мобилни телефон

Ackersnacker

мрежа

Nettwark

уређај за копирање

Kopeerapparat

софтвер

Software

телефон

Klöönkassen

утичница

Steekdoos

факс

Faxapparat

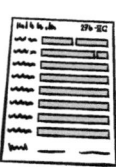

формулар

Formulor

документ

Dokument

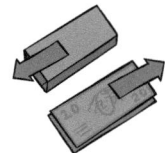

куповати

köpen

платити

betahlen

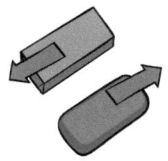

трговати

hanneln

новац

Geld

долар

Dollar

евро

Euro

јен

Yen

рубља

Ruvel

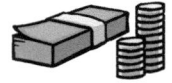

швајцарски франак

Swiezer Franken

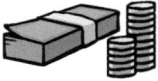

ренминдби јуан

Renminbi Yuan

рупија

Rupie

аутомат за новац

Geldautomat

мењачница

Wesselstuuv

злато

Gold

сребро

Sülver

нафта

Ööl

енергија

Energie

цена

Pries

уговор

Verdrag

порез

Stüer

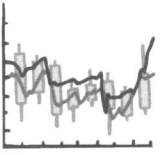

деонице

Andeelschien

радити

arbeiden

службеник

Anstellte

послодавац

Arbeitgever

фабрика

Fabrik

продавница

Hökerie

полицајац
Wachtmeester

ватрогасац
Füerwehrmann

кувар
Kock

лекар
Dokter

пилот
Fleger

вртлар
Goorner

столар
Discher

кројачица
Neihersche

судија
Richter

хемичар
Chemiker

глумац
Schauspeler

возач аутобуса

Busfohrer

возач таксија

Taxifohrer

рибар

Fischer

чистачица

Reinmaakfru

кровопокривач

Dackdecker

конобар

Kellner

ловац

Jäger

сликар

Maler

пекар

Bäcker

електричар

Elektriker

грађевински радник

Buarbeider

инжењер

Ingenieur

месар

Slachter

лимар

Klempner

поштар

Postbüdel

војник

Suldat

архитекта

Architekt

благајник

Kasserer

цвећар

Florist

фризер

Putzbüdel

кондуктер

Schaffner

механичар

Mechaniker

капетан

Kaptein

зубар

Tähndokter

научник

Wetenschopler

раби

Rabbi

имам

Imam

монах

Mönk

свећеник

Paap

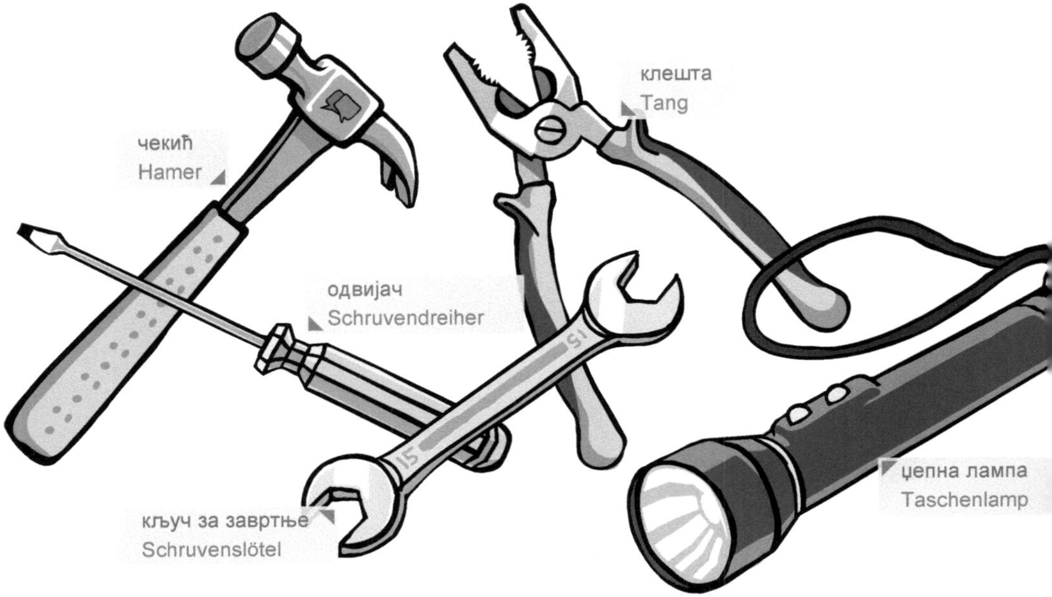

чекић
Hamer

клешта
Tang

одвијач
Schruvendreiher

кључ за завртње
Schruvenslötel

џепна лампа
Taschenlamp

багер
Grieper

кутија за алат
Warktüüchkassen

мердевине
Ledder

пила
Saag

ексер
Nagels

бушилица
Bohrer

поправити

heelmaken

лопата

Schüffel

до ђавола!

Schiet!

лопатица

Kehrblick

лонац за боју

Farvpott

завртањи

Schruven

музички инструмент
Musikinstrumenten

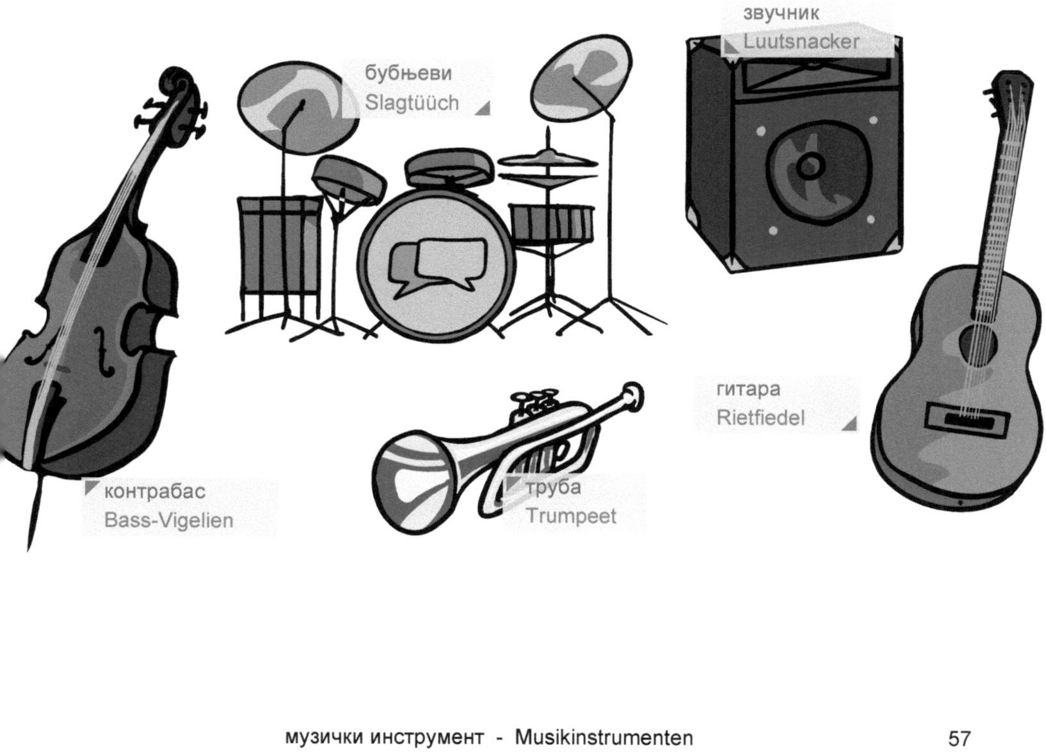

звучник
Luutsnacker

бубњеви
Slagtüüch

контрабас
Bass-Vigelien

труба
Trumpeet

гитара
Rietfiedel

клавир

Klaveer

виолина

Vigelien

бас

Bass

тимпани

Pauk

удараљке за бубњеве

Trummeln

типке клавира

Keyboard

саксофон

Saxophon

флаута

Fleut

микрофон

Mikrofoon

музички инструмент - Musikinstrumenten

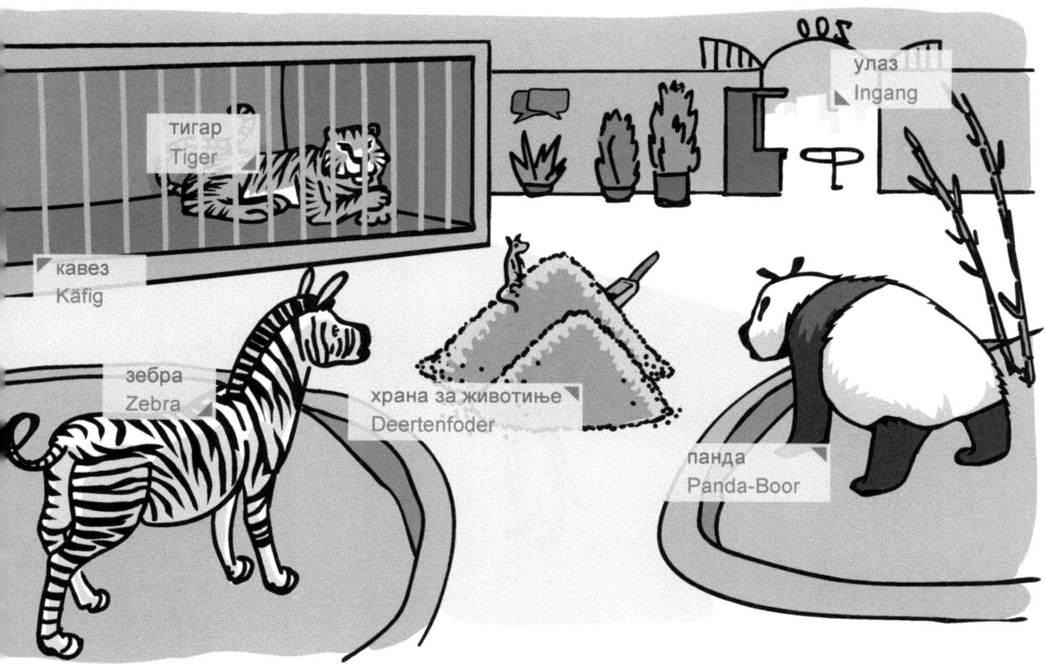

тигар
Tiger

улаз
Ingang

кавез
Käfig

зебра
Zebra

храна за животиње
Deertenfoder

панда
Panda-Boor

животиње
Deerten

слон
Elefant

кенгур
Känguru

носорог
Neeshoorn

горила
Gorilla

медвед
Boor

камила

Kameel

ној

Struuß

лав

Lööv

мајмун

Aap

фламинго

Flamingo

папагај

Papagoi

поларни медвед

Iesboor

пингвин

Pinguin

ајкула

Haifisch

паун

Pageluun

змија

Slang

крокодил

Krokodil

чувар у зоолошком врту

Oppasser in'n Deertenpark

туљан

Saalhund

јагуар

Jaguor

пони

Pony

леопард

Leopard

нилски коњ

Nilpeerd

жирафа

Giraff

орао

Aadler

дивља свиња

Wildswien

риба

Fisch

корњача

Schildkrööt

морж

Walross

лисица

Voss

газела

Gazell

амерички ногомет
Amerikaansch Football

бициклизам
Radfohren

тенис
Tennis

кошарка
Korfball

пливање
Swümmep

бокс
Boxen

хокеј на леду
leshockey

фудбал
Football

бадминтон
Fedderball

атлетика
Leichtathletik

ракомет
Handball

скијање
Skilopen

поло
Polo

активности
Aktivitäten

смејати се
lachen
скочити
springen
загрлити
ümarmen
ићи
gahn
певати
singen
сањати
drömen
молити се
beden
пољубити
snuteln

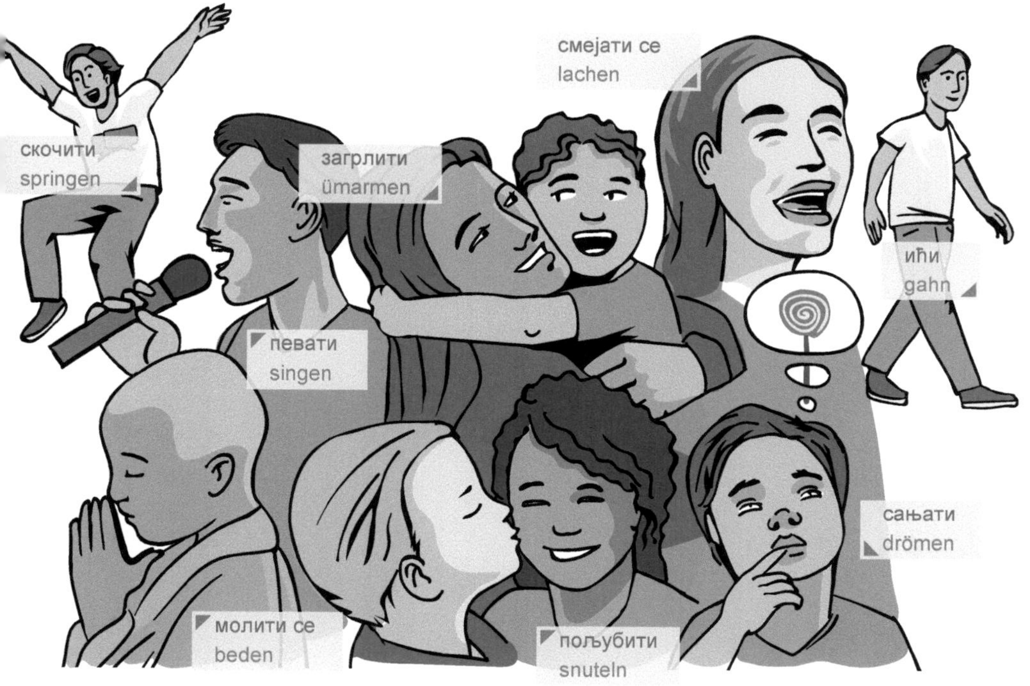

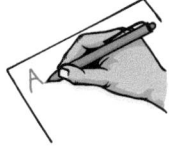

писати

schrieven

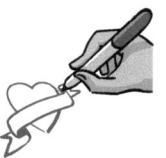

цртати

teken

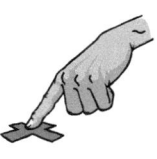

показати

wiesen

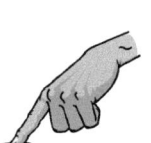

гурати

drücken

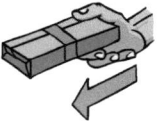

дати

geven

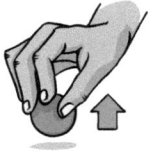

узети

nehmen

имати

hebben

чинити

doon

бити

sien

стојати

stahn

трчати

lopen

повлачити

trecken

бацити

smieten

падати

fallen

лежати

liggen

чекати

töven

носити

dregen

седити

sitten

облачити

antrecken

спавати

slapen

пробудити се

opwaken

гледати

ankieken

плакати

wenen

миловати

eien

чешљати

kämmen

говорити

snacken

разумети

verstahn

питати

fragen

слушати

hören

пити

drinken

јести

eten

поспремити

oprümen

волети

leefhebben

кухати

kaken

возити

fohren

летети

flegen

активности - Aktivitäten

пловити
segeln

рачунати
reken

читати
lesen

учити
lehren

радити
arbeiden

венчати се
de Plünnen tohoopsmieten

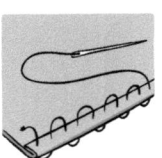

шити
neihen

прати зубе
Tähnen putzen

убити
dootmaken

пушити
smöken

послати
schicken

породица
Familje

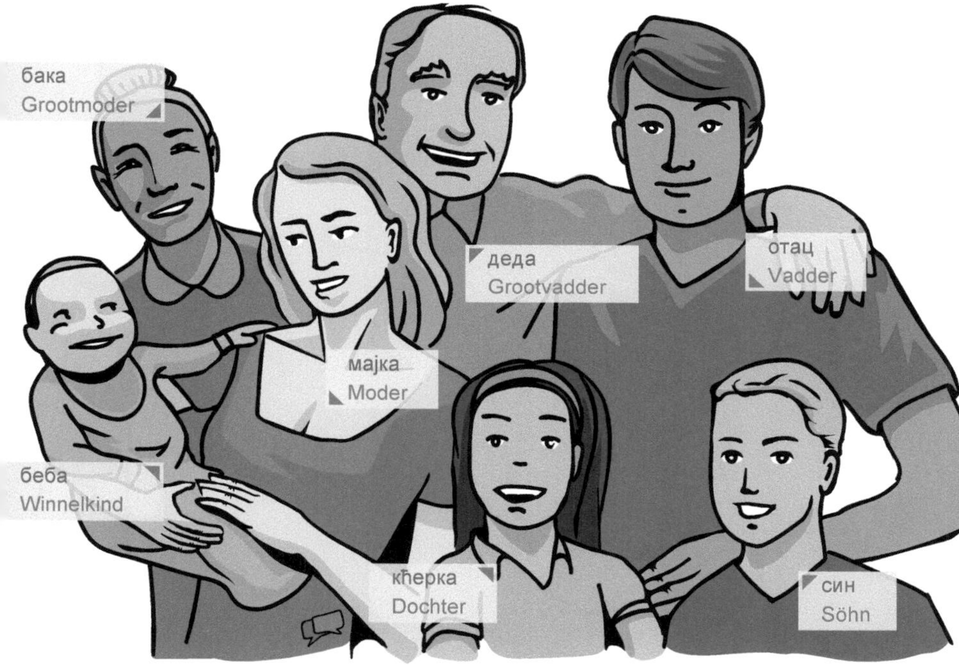
бака
Grootmoder
деда
Grootvadder
отац
Vadder
мајка
Moder
беба
Winnelkind
кћерка
Dochter
син
Söhn

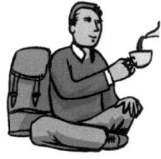

гост

Gast

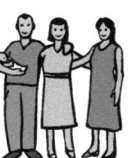

тетка

Tant

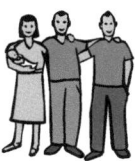

ујак, стриц

Unkel

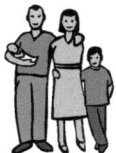

брат

Broder

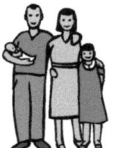

сестра

Süster

тело

Lief

чело
Vörkopp
око
Oog
раме
Schuller
прст
Finger
лице
Gesicht
брада
Kinn
рука
Hand
нога
Been
груди
Bost
рука
Arm

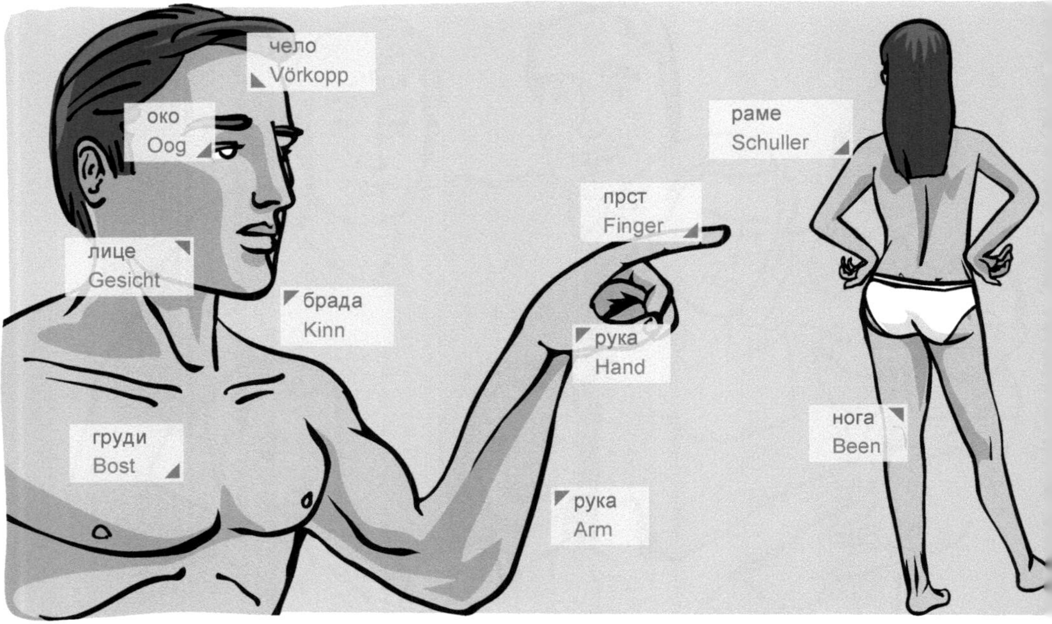

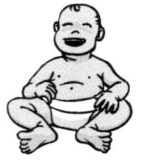

беба

Winnelkind

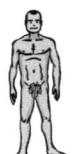

мушкарац

Mann

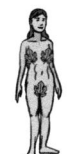

жена

Fro

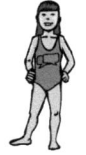

девојчица

Deern

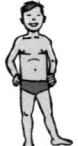

дечак

Jung

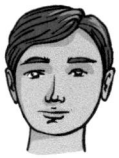

глава

Arm

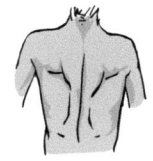

леђа

Rüch

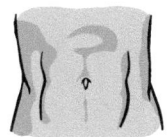

стомак

Buuk

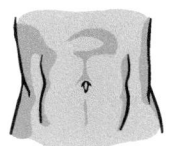

пупак

Navel

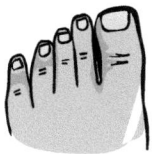

ножни прст

Teh

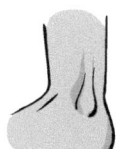

пета

Hack

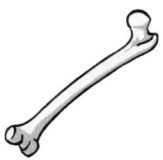

кост

Knaken

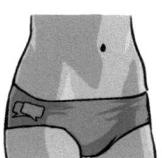

кукови

Hüft

колено

Knee

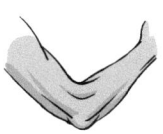

лакат

Ellbagen

нос

Nees

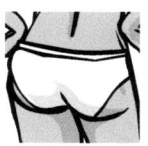

задњица

Achtersen

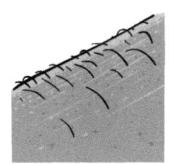

кожа

Huut

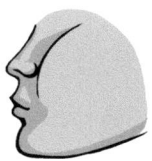

образ

Back

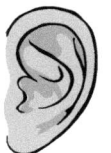

уво

Ohr

усна

Lipp

уста
Mund

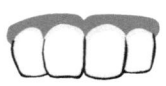

зуб
Tähn

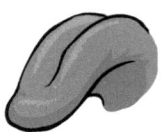

језик
Tung

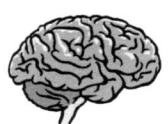

мозак
Bregen

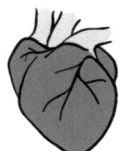

срце
Hart

мишић
Muskel

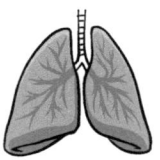

плућа
Lung

јетра
Lever

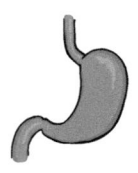

желудац
Maag

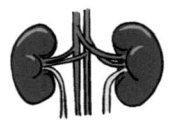

бубрези
Neren

полни однос
Bislaap

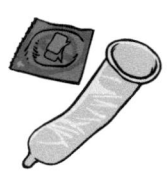

кондом
Kondoom

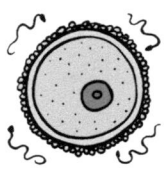

јајна ћелија
Eizell

сперма
Sperma

трудноћа
Anner Ümstänn

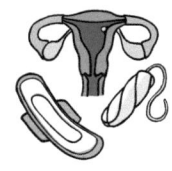

менструација
....
Menstruatschoon

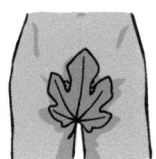

вагина
....
Scheed

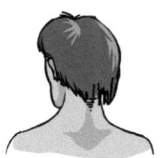

пенис
....
Pint

обрва
....
Ogenbroe

коса
....
Hoor

врат
....
Hals

болница
Krankenhuus

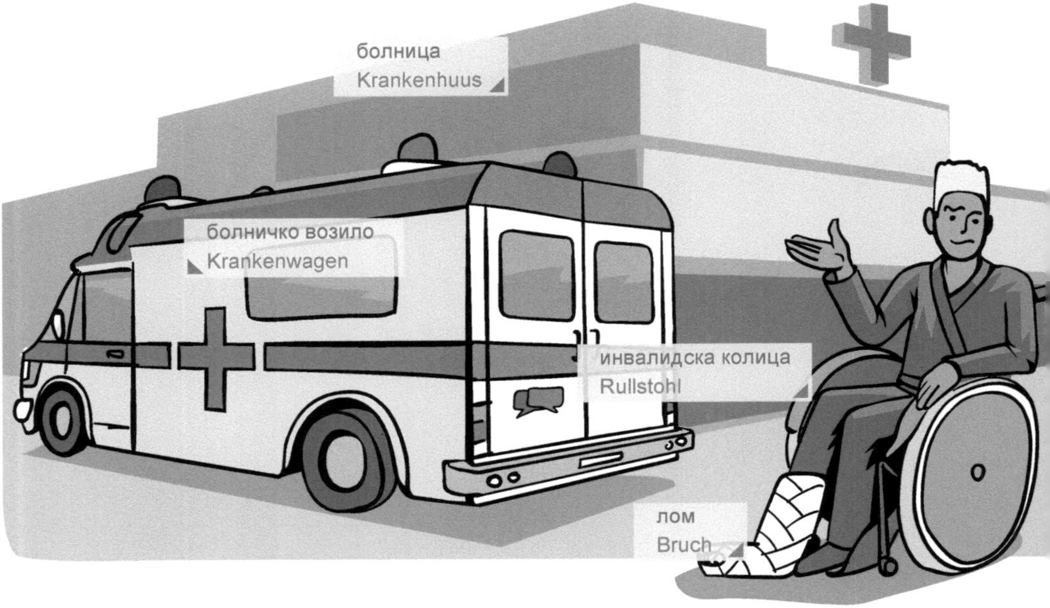

болница
Krankenhuus

болничко возило
Krankenwagen

инвалидска колица
Rullstohl

лом
Bruch

лекар
Dokter

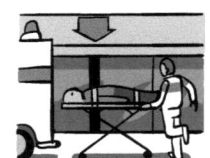

хитна медицинска служба
Nootopnahm

медицинска сестра
Krankensüster

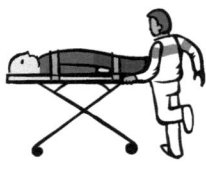

хитни случај
Nootfall

несвест
ahnmächtig

бол
Wehdaag

повреда

Verwunnen

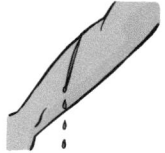

крварење

Blöden

срчани удар

Hartinfarkt

удар

Slaganfall

алергија

Allergie

кашаљ

Hoosten

грозница

Fever

грипа

Gripp

пролив

Dörchfall

главобоља

Koppwehdaag

рак

Kreeft

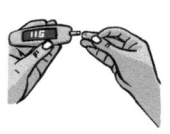

дијабетес

Zuckersüük

хирург

Chirurg

скалпел

Chirurgsch Mess

операција

Operatschoon

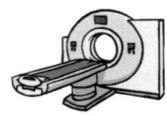

цт

CT

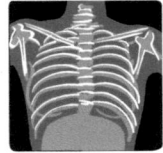

рентген

Dörchlüchten

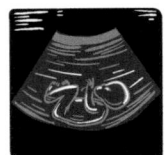

ултразвук

Ultraschall

маска

Mask

болест

Krankheit

чекаона

Töövruum

штака

Krück

фластер

Plaaster

завој

Verband

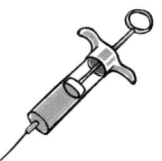

ињекција

Insprütten

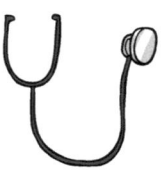

стетоскоп

Stethoskop

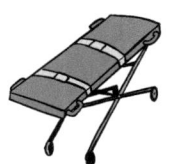

носила

Draag

термометар

Feverthermometer

рођење

Geboort

прекомерна тежина

Övergewicht

слушни апарат

Hörapparat

средство за дезинфекцију

Kiemfriemiddel

инфекција

Ansteken

вирус

Virus

хив / аидс

HIV / AIDS

медицина

Heelmiddel

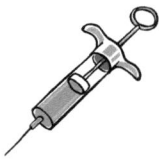

вакцинација

Impen

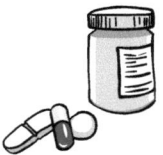

таблете

Tabletten

пилула

Pill

хитни позив

Nootroop

уређај за мерење притиска

Blootdruck-Meter

болесно / здраво

krank / gesund

помоћ!

Hölp!

аларм

Alarm

насртај

Överfall

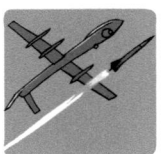

напад

Angreep

опасност

Gefohr

излаз у случају нужде

Nootutgang

пожар!

Füer!

противпожарни апарат

Füerlöscher

незгода

Unfall

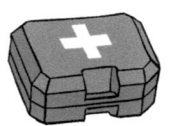

кутија прве помоћи

Noothölpkoffer

сос

SOS

полиција

Polizei

Европа

Europa

Северна Америка

Noordamerika

Јужна Америка

Süüdamerika

Африка

Afrika

Азија

Asien

Аустралија

Australien

Атлантик

Atlantik

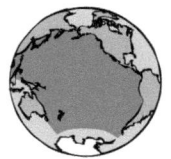

Пацифик

Pazifik

Индијски океан

Indisch Weltmeer

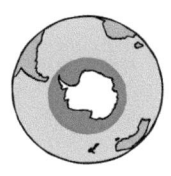

Антарктички океан

Antarktisch Weltmeer

Арктички океан

Arktisch Weltmeer

Северни рол

Noordpol

Јужни рол

Süüdpol

Антарктик

Antarktis

земља

Eerd

земља

Land

море

See

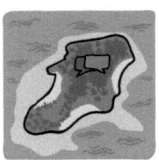

оток

Eiland

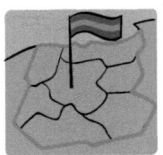

нација

Natschoon

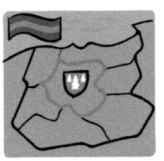

држава

Staat

бројчаник сата

Tallenblatt

сатна казаљка

Stunnenwieser

минутна казаљка

Minutenwieser

секундна казаљка

Sekunnenwieser

Колико је сати?

Wo laat is dat?

дан

Dag

време

Tiet

сада

nu

дигитални сат

digetaalsch Klock

минута

Minuut

час

Stunn

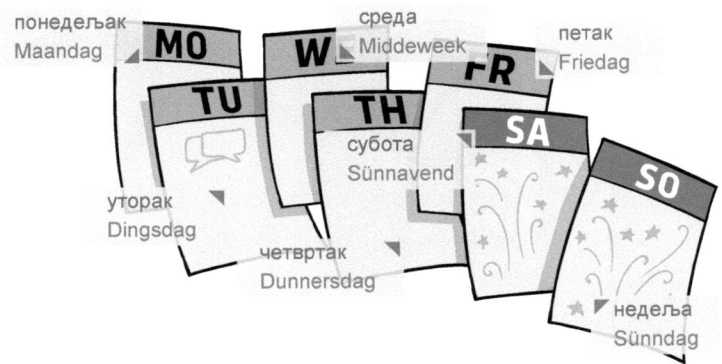

понедељак
Maandag

среда
Middeweek

петак
Friedag

уторак
Dingsdag

четвртак
Dunnersdag

субота
Sünnavend

недеља
Sünndag

јуче
güstern

данас
hüüt

сутра
morgen

јутро
Morgen

подне
Meddag

вече
Avend

радни дани
Arbeitsdaag

викенд
Wekenenn

година

Johr

киша
Regen
дуга
Regenbagen
снег
Snee
ветар
Wind
пролеће
Fröhjohr
јесен
Harvst
лето
Sommer
зима
Winter

4.APRIL 11°
5.APRIL 4°
6.APRIL 13°
7.APRIL 8°
8.APRIL 10°

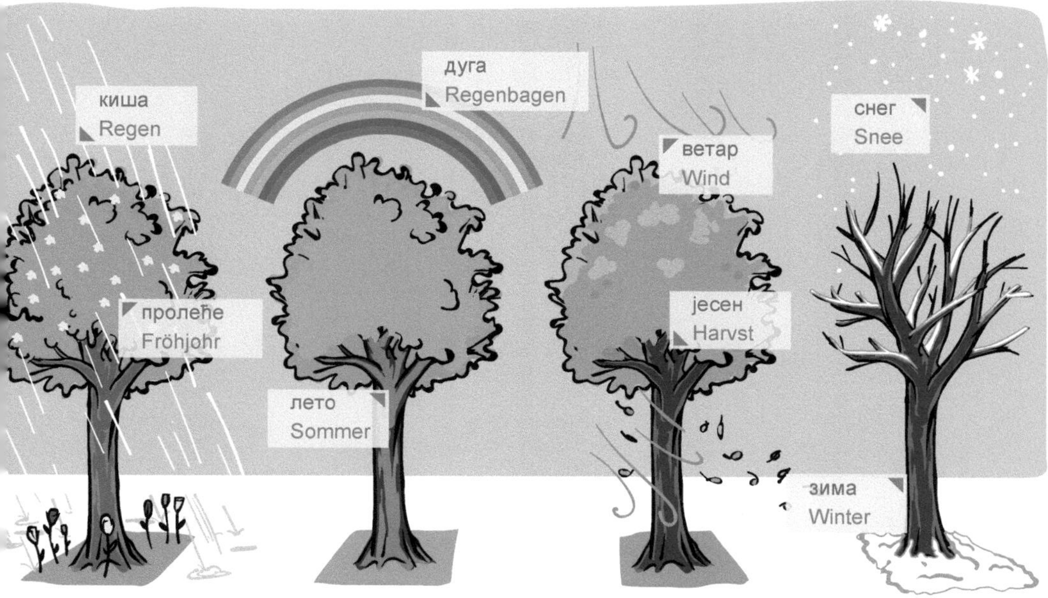

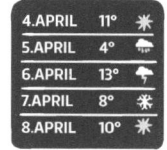

метеоролошка прогноза

Wedervörhersaag

F
C
120
90
60
30
0
-30
40
30
20
10
0
-10
-20

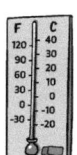

термометар

Thermometer

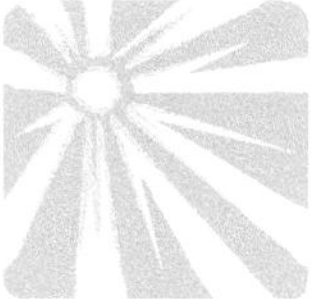

сунчана светлост

Sünnenschien

облак

Wulk

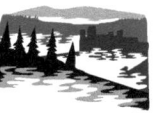

магла

Nevel

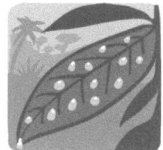

влажност ваздуха

Luftfuchtigkeit

муња

Blitz

грмљавина

Dunner

олуја

Storm

туча

Hagel

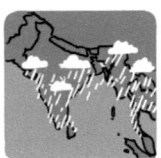

монсун

Monsun

поплава

Floot

лед

Ies

јануар

Januormaand

фебруар

Februormaand

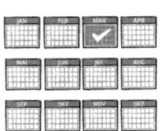

март

Martmaand

април

Aprilmaand

мај

Maimaand

јуни

Junimaand

јули

Julimaand

август

Augustmaand

септембар

Septembermaand

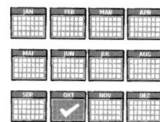

октобар

Oktobermaand

новембар

Novembermaand

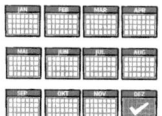

децембар

Dezembermaand

облици

Formen

круг

Krink

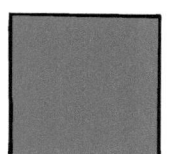

квадрат

Quadrat

правоугао

Rechteck

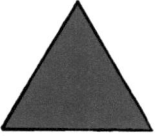

троугао

Dreeeck

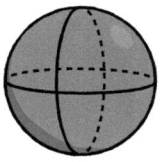

кугла

Kugel

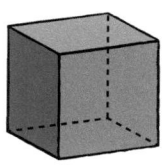

коцка

Wörpel

бела
....
witt

жута
....
geel

наранџаста
....
orangsch

ружичаста
....
pink

црвена
....
root

љубичаста
....
lila

плава
....
blau

зелена
....
gröön

смеђа
....
bruun

сива
....
gries

црна
....
swart

много / мало

veel / wenig

љутито / мирно

böös / verdreeglich

лепо / ружно

smuck / mies

почетак / крај

Begünn / Enn

велико / малено

groot / lütt

светло / тамно

hell / düüster

брат / сестра

Broder / Süster

чисто / прљаво

schier / schietig

потпуно / непотпуно

kumpleet / nich kumpleet

дан / ноћ

Dag / Nacht

мртво / живо

doot / lebennig

широко / уско

breet / small

јестиво / нејестиво

geneetbor / nich geneetbor

зло / добро

böös / fründlich

узбуђено / досадно

fickerig / langwielt

дебело / мршаво

dick / dünn

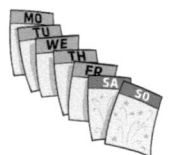

на почетку / на крају

toeerst / toletzt

пријатељ / непријатељ

Fründ / Fiend

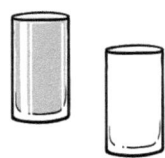

пуно / празно

vull / leddig

тврдо / мекано

hart / week

тешко / лагано

swoor / licht

глад / жеђ

Smacht / Döst

болесно / здраво

krank / gesund

илегално / легално

nich na't Recht / na't Recht

паметно / глупо

klook / dummerhaftig

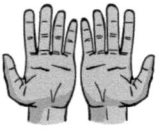

лево / десно

linkerhand / rechterhand

близу / далеко

neeg / feern

ново / половно

nieg / bruukt

ништа / нешто

nix / wat

старо / младо

oolt / jung

укључено / искључено

an / ut

отворено / затворено

apen / slaten

тихо / гласно

lies / luut

богато / сиромашно

riek / arm

тачно / погрешно

richtig / verkehrt

храпаво / глатко

ruug / glatt

тужно / сретно

trurig / glücklich

кратко / дуго

kort / lang

полако / брзо

suutje / flink

мокро / сухо

natt / dröög

топло / хладно

warm / köhl

рат / мир

Krieg / Freden

0

нула
....
null

1

један
....
een

2

два
....
twee

3

три
....
dree

4

четири
....
veer

5

пет
....
fief

6

шест
....
söss

7

седам
....
söven

8

осам
....
acht

9

девет
....
negen

10

десет
....
teihn

11

једанаест
....
ölven

12

дванаест

twölf

13

тринаест

dörteihn

14

четрнаест

veerteihn

15

петнаест

föffteihn

16

шестнаест

sössteihn

17

седамнаест

söventeihn

18

осамнаест

achtteihn

19

деветнаест

negenteihn

20

двадесет

twintig

100

стотину

hunnert

1.000

хиљаду

dusend

1.000.000

милион

million

енглески

Engelsch

амерички енглески

Amerikaansch Engelsch

мандарински кинески

Chineesch Mandarin

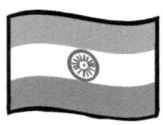

хиндски

Hindi

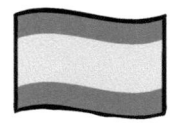

шпански

Spaansch

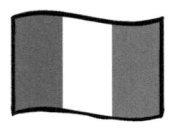

француски

Franzöösch

арапски

Araabsch

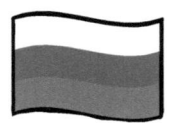

руски

Rusch

португалски

Portugiesch

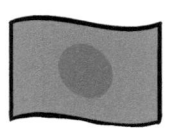

бенгалски

Bengaalsch

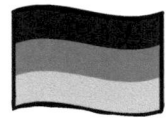

немачки

Düütsch

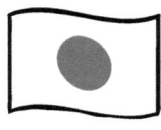

јапански

Japaansch

ja
ik

ти
du

он / она / оно
he / se / dat

ми
wi

ви
ji

они
se

Ко?
keen?

Шта?
wat?

Како?
woans?

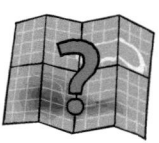

Где?
woneem?

Када?
wannehr?

име
Naam

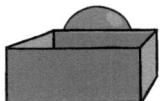

иза
....
achter

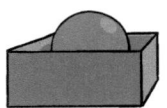

у
....
in

испред
....
vör

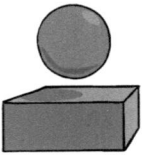

преко
....
över

на
....
op

испод
....
ünner

поред
....
blangen

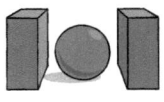

између
....
twüschen

место
....
Oort